# ÉCRITURE CHINOISE

ET DES MOYENS

## D'EN FACILITER L'USAGE

PAR

## M. PIERRE JANNET

PARIS
LIBRAIRIE A. FRANCK, 67, RUE DE RICHELIEU
—
1869

# DE LA LANGUE CHINOISE

EXTRAIT DE LA *REVUE MODERNE*
10 avril 1869

# DE LA
# LANGUE CHINOISE

ET DES MOYENS

## D'EN FACILITER L'USAGE

PAR

## M. PIERRE JANNET

---

PARIS
LIBRAIRIE A. FRANCK
67, RUE DE RICHELIEU

1869

# DE LA LANGUE CHINOISE

I

Il existe là-bas, là-bas, dans l'extrême Orient, une race d'hommes au teint doré, aux cheveux noirs et droits, sur le compte de laquelle nous avons les idées les plus étranges. Rien ne ressemble moins aux Chinois que ces monstres ventrus, absorbés dans une contemplation idiote, peints sur les potiches qui garnissent nos étagères. Les Chinois sont de bonne taille, grands plutôt que petits, bien proportionnés, vigoureux, toujours agissants, toujours de bonne humeur. C'est la nation la plus active et la plus gaie du monde.

C'est à la relation de Marco Polo, un Vénitien qui, au treizième siècle, remplit des emplois importants sous Khoubilaï-Khan, le fondateur de la dynastie des Youen, que l'Occident dut les premières notions sur la Chine. Mais ses récits furent généralement traités de fables, et leur exactitude n'a été reconnue que depuis l'établissement des Jésuites dans ce pays. L'excellente édition de son livre publiée par M. Pauthier (1) a démontré jusqu'à l'évidence, par le rapprochement de témoignages tirés des écrivains orientaux, que Marco Polo avait bien observé, bien vu et fidèlement raconté.

Les Jésuites s'établirent en Chine vers la fin du seizième siècle, en 1581. Ils y furent bien accueillis, et, pendant le dix-septième et le dix-huitième, malgré les embarras que leur suscitèrent les vues étroites et les attaques inconsidérées d'un ordre

---

(1) Paris, F. Didot frères, fils et Cᵉ, 1865, 2 vol. gr. in-8.

religieux rival, ils y jouèrent un rôle important, utile à un double point de vue : ils apportèrent aux Chinois des notions scientifiques qui leur manquaient, et par leurs immenses et consciencieux travaux ils firent connaître à l'Occident l'histoire, le caractère, les mœurs, la civilisation d'une population nombreuse, digne à tous égards de notre attention et de notre intérêt.

Depuis, la Chine n'a cessé de préoccuper, à des points de vue divers, les nations de l'Occident. Les philologues cherchent dans sa langue des arguments à l'appui de leurs systèmes; le philosophe étudie avec intérêt cette civilisation si différente de la nôtre; l'industriel y voit un marché sans limites pour l'écoulement des produits d'une fabrication effrénée, et nos gouvernants la contraignent à nous ouvrir ses portes, avec l'intention louable de faire prévaloir par tous les moyens les intérêts de notre commerce, et de faire goûter quand même à sa population arriérée les bienfaits de l'ordre de choses industriel, politique et moral qui nous rend si heureux. Leurs efforts n'ont pas été vains. Les barrières qui interdisaient aux Occidentaux l'accès de l'extrême Orient n'existent plus. La Chine est ouverte. Le Prince intelligent et hardi qui gouverne ce vaste empire a compris que la lutte était inutile. Il en a pris bravement son parti. Sachant bien qu'à certains égards nous sommes plus avancés que les Chinois, il s'est décidé de bonne grâce à nous demander ce qui leur manque. Il nous prendra nos sciences et leurs applications utiles. Pour l'art et la littérature, il nous laissera faire. Quant à nos systèmes religieux, philosophiques et politiques, sur lesquels nous ne sommes pas encore tout à fait d'accord entre nous, il attendra.

Un philosophe d'un caractère élevé, d'un grand savoir et de beaucoup de talent, se plaçant à un point de vue nouveau, a fait en quelques pages une intéressante appréciation de la civilisation chinoise. (1) On peut conclure de ce travail que les Chinois, dans la voie que l'Humanité devait parcourir, se sont arrêtés à la première étape. Tandis que la race blanche, partie de l'état fétichique, passait, à travers mille vicissitudes, par l'état théologique pour arriver à l'état scientifique, la race jaune, cantonnée dans l'état fétichique, a constamment développé la civilisation que cet état comporte, mais sans regarder au delà. Des habitudes mentales continuées pendant des milliers d'années ont développé chez elle certaines facultés, l'observation concrète, le sentiment de la réalité; mais elles en ont laissé d'autres complétement inac-

---

(1) Considérations générales sur l'ensemble de la civilisation chinoise et sur les relations de l'Occident avec la Chine, par M. Pierre Laffitte, Paris, Dunod, 1861, in-8°.

tives. Les Chinois, dans l'état actuel de leur éducation, sont incapables d'abstraction, d'idéalisation. Ils ont d'admirables poésies intimes, mais pas un poëme épique, point de fables; une industrie prodigieuse, un talent de reproduction inouï, mais point de science, point d'art proprement dit. Leur contact avec les civilisations étrangères n'a pas exercé sur eux d'influence sérieuse. Ils adoptent volontiers une religion importée, la doctrine du Tao, le Bouddhisme, le Catholicisme, mais sans abandonner la religion de l'Etat, le fétichisme.

A cette base de la civilisation chinoise, le fétichisme, systématisé par le culte du Ciel et de la Terre, des astres, etc., M. Laffitte rattache l'amour de la nature, si vif chez les Chinois, l'attachement au sol natal, le culte des mânes et des tombeaux, toutes choses pour lesquelles il est de bon ton chez nous d'affecter un noble dédain. Le Chinois tombera volontiers dans une sorte d'extase en contemplant les beautés d'une fleur de pivoine ou de chrysanthème. S'il se voit forcé de quitter son lieu natal, il y reviendra, vivant ou mort. Là reposent ses ancêtres, là sera sa tombe. Sa première affaire, une des plus importantes de sa vie, c'est la confection de son cercueil. On voit de temps en temps partir de San-Francisco pour la Chine des navires chargés de longues boîtes peintes en rouge; ces boîtes renferment les restes des Chinois morts en Californie. Un obstacle sérieux à l'établissement des chemins de fer dans l'Empire du Milieu, c'est la nécessité où l'on serait de déplacer les tombes qui se trouveraient sur leur parcours. Le Gouvernement n'aura pas l'idée d'accomplir une telle profanation, et il n'en aurait peut-être pas le pouvoir.

On a quelque peine, au premier abord, à comprendre cette vénération pour les mânes chez un peuple qui ne croit pas à la vie future. « Pour le fétichiste, dit M. Laffitte, tous les corps sont non-seulement spontanément actifs, mais encore doués de volonté, de passion, de sentiments; dès lors la mort n'est pas pour lui, comme pour le théologiste, le passage à un état inerte : c'est le passage d'un mode de vitalité à un autre mode. Le cadavre de ceux que nous avons aimés n'est pas pour lui, comme pour le théologiste, un objet d'horreur ou tout au moins de répulsion ; c'est un être vivant, mais vivant d'une autre manière, ayant encore des penchants, des sentiments, s'intéressant encore aux affaires terrestres... Aussi le culte des mânes est devenu un élément capital, essentiel, de la famille chinoise. Le culte des ancêtres en est le grand caractère. Dans chaque maison, quand elle est complète, on trouve toujours un endroit consacré aux tablettes des ancêtres. Toute maison chinoise vraiment normale a son temple domestique, une salle consacrée où l'on va périodiquement faire des offrandes aux ancêtres, les informer de tous les actes importants qui s'accomplissent dans le sein de la famille, les décès, les mariages, etc. » Cette institution du culte des ancêtres a des conséquences bien dignes d'attention. Le plus grand malheur pour un Chinois, c'est de ne pas laisser d'enfants mâles pour accomplir les rites à son intention quand il sera mort, pour lui faire honneur, l'anoblir peut-être ; car, en Chine, la noblesse, au lieu de se transmettre aux descendants, remonte aux ascendants. Aussi voit-on cette population, déjà si prodigieusement nombreuse, s'accroître avec une étonnante rapidité. D'après le dénombrement de 1812, la Chine proprement dite comptait 360,279,597 habitants ; d'après celui de 1852, elle en avait 536,909,300. Aujourd'ui, en comptant les habitants des trois provinces prises dans le pays des Liao Toung et des Mantchous, l'Empereur de la Chine règne sur environ six cent millions de sujets, à peu près la moitié de l'espèce humaine. On sait que la Chine proprement dite est divisée en dix-huit provinces dont quelques-unes comptent une population plus nombreuse que celle de la France entière.

Ce n'est pas un mince sujet d'étonnement pour l'Européen turbulent de voir une nation aussi nombreuse, répandue sur un pays d'une immense étendue, vivre paisiblement sous le sceptre d'un même souverain ; c'est qu'il n'y a pas là les mêmes sujets d'antagonisme entre gouvernants et gouvernés que dans les pays de droit divin. En Chine, le type gouvernemental est emprunté à la famille. L'Empereur est regardé comme le père et la mère de ses sujets, et il prend ce rôle au sérieux. Il protége de son mieux les sources fécondes de la prospérité du pays, l'agriculture et l'industrie. Son gouvernement n'est ni oppressif ni tracassier. Ses sujets font profession d'une vénération toute filiale pour sa personne, d'une soumission respectueuse à ses volontés. Le gouvernement leur assure l'ordre, le respect de la propriété, la liberté des transactions : ils n'en demandent pas davantage, et se livrent joyeusement à leurs travaux, à leur négoce, à leurs devoirs de famille, à leur culture intellectuelle et morale, à leurs plaisirs. Elevés tous dans les mêmes idées, dans les mêmes sentiments, lisant tous un petit nombre de livres, les mêmes pour tous ; vivant dans un état social où le mérite seul fait la distinction, où le dernier peut devenir le premier, ils sont naturellement sociables et bienveillants. Il y a bien, de voisin à voisin, de province à province, un petit échange de surnoms sarcastiques, d'épithètes malicieuses, comme, par exemple, de Gascon à Normand et *vice versâ*. Mais pas plus que chez nous cela ne tire à conséquence.

Transportez les Chinois en Europe : pour peu que vous supprimiez quatre ou cinq millions de soldats, pas mal de douaniers et quelques autres choses non moins utiles, le Chinois sera content. Les quolibets iront leur train, car le Chinois aime à rire, mais la paix règnera du sud au nord, de l'est à l'ouest ; au lieu de l'Empire du Milieu vous aurez l'Empire d'Occident, et le Fils du Ciel sera vénéré, qu'il habite la Capitale du Midi ou la Capitale du Nord.

Telle est la nation avec laquelle nous allons nous trouver de plus en plus en contact. Les relations établies ne pourront que se développer. Elles se développeront plus rapidement qu'on ne le supposait au début, et d'une façon inattendue. Le trop plein d'une population immense va se déverser sur l'Amérique, puis sur l'Europe. Malgré les précautions prises par les Américains pour arrêter leur immigration, plus de cent mille Chinois sont établis à cette heure sur le sol des Etats-Unis. Ils y sont arrivés dans les conditions les plus défavorables. Ils y ont débuté par les métiers les plus humbles ; mais ils sont actifs, industrieux et sobres, prudents et tenaces. Ils y font maintenant fort bonne figure. Ils excellent dans l'agriculture et dans l'industrie ; ils sont habiles commerçants. L'Europe offre un vaste champ à leur activité, et je suis convaincu que dans un avenir prochain ils viendront en grand nombre s'établir parmi nous.

Il n'est pas nécessaire que ceci se réalise pour que la langue chinoise soit digne de l'attention des Européens. Le temps est passé où elle n'était intéressante que pour le linguiste et le philosophe. Elle touche maintenant aux intérêts de la politique, du commerce et de l'industrie. Le moment est venu d'écarter, si faire se peut, les difficultés qui en défendent les abords.

Ces difficultés ne sont pas insurmontables, comme on le croit généralement — ce qui est peu flatteur pour les sinologues — mais elles ne laissent pas d'être assez grandes. Cela tient à l'imperfection des instruments de travail que nous possédons. Avec un dictionnaire classé d'après une méthode en rapport avec nos habitudes, non-seulement on apprendrait le chinois aussi facilement qu'aucune autre langue, mais encore on pourrait le traduire et l'écrire *sans le savoir*.

Ceci a besoin d'être expliqué. Pour faire comprendre ma pensée, je suis forcé d'entrer dans quelques détails préliminaires. Avant d'exposer mon système, il faut que je fasse connaître le mécanisme de la langue et de l'écriture et le plan des dictionnaires actuellement existants.

## II

L'étude comparée des langues a conduit les philologues à les diviser en trois classes qu'on regarde comme répondant à trois états successifs de développement. La première comprend les langues monosyllabiques, où chaque mot est rendu par une seule émission de voix ; la seconde, les langues agglutinantes, où plusieurs mots entiers et invariables peuvent être réunis, comme le turc ; la troisième, les langues à flexions, où plusieurs mots se réunissent pour n'en former qu'un seul, mais en se modifiant plus ou moins, comme le français.

En adoptant cette division, on reconnaît que la langue des Chinois, comme leur religion, correspond aux premiers âges de l'humanité ; elle est essentiellement monosyllabique. Cela est vrai surtout du *kou-wen* ou style antique, la langue des cinq livres canoniques et des quatre livres classiques. Cette langue est si rigoureusement monosyllabique et tellement concise, qu'elle n'a pu être comprise, comme langue parlée, qu'à une époque fort éloignée, alors que le vocabulaire était beaucoup moins riche qu'il ne l'est aujourd'hui (1). Voici pourquoi :

La langue la plus riche en sons parfaitement distincts les uns des autres n'en a qu'un nombre assez restreint. Le français, par exemple, n'en a pas mille. Le chinois en a moins encore. Le P. Prémare en comptait 487, et Gützlaff 629. M. Pauthier en trouve 489. Abel Rémusat n'en admettait que 450. Dans les langues polysyllabiques, cette pénurie est sans grand inconvénient, parce qu'on peut réunir deux ou plusieurs syllabes pour donner à chaque mot un sens précis ; mais il n'en est pas de même dans les langues monosyllabiques : un même son ayant de nombreuses significations différentes, il devient difficile de s'entendre en parlant.

Il est vrai que dans presque toutes ces langues la plupart des syllabes peuvent être affectées de plusieurs tons différents, ce qui aide à préciser leur valeur (2). Abel Rémusat porte à 1,203 le nombre de sons produit par les 450 syllabes chinoises, au moyen des variations des accents. Mais c'est bien peu encore pour

---

(1) On trouve dans les cinq livres canoniques 3,335 caractères différents. En y ajoutant les quatre livres classiques, on arrive à un total de 4,754.

(2) Dans le kou-wen comme dans le kouan-hoa, il y a quatre tons : 1° *Phing*, ou égal ; 2° *Chang*, ou montant ; 3° *Khiu*, ou descendant ; 4° *Ji*, ou rentrant. Il y a jusqu'à huit tons dans certains dialectes chinois.

une langue qui compte plus de trente mille mots. Aussi les Chinois ont-ils recours à d'autres procédés pour se créer une langue parlée facilement intelligible, procédés ingénieux qui pourraient les conduire promptement à l'écriture alphabétique pour le langage usuel, surtout s'ils consentaient à se laisser guider par les Occidentaux.

La langue parlée (*kouan-hoa*, langue officielle), que nous appelons langue *mandarine*, est comprise dans toute l'étendue de l'empire, du moins par les classes élevées. Elle est beaucoup moins concise que le *kou-wen*, parce qu'elle fait un grand usage de particules et de mots composés. Ces mots composés, qui forment de véritables polysyllabes, sont formés de la réunion de deux, trois et même quatre caractères juxtaposés. Cet usage des mots composés donne de si grandes facilités pour l'intelligence du *kouan-hoa*, que, dans le nord de la Chine surtout, on ne tient presque aucun compte, dans la prononciation des mots, du ton dont ils sont affectés. Il arrive même parfois qu'on change l'accent des caractères qui font partie des mots composés.

Le *kouan-hoa* ne s'écrit guère ; c'est la langue parlée. Dans la langue écrite, on se rapproche plus ou moins du *kou-wen* ou du *kouan-hoa*, selon le sujet qu'on traite et la manière de l'écrivain.

Outre le *kouan-hoa*, l'on parle en Chine d'assez nombreux dialectes, dont la plupart sont entièrement inconnus en Europe. Les Annamites, les Coréens et les Japonais se servent du Chinois comme langue savante ; partout les caractères sont les mêmes, mais la prononciation diffère. Il s'ensuit que des hommes habitant des contrées éloignées l'une de l'autre comprennent parfaitement la même langue écrite, mais ne peuvent s'entendre en parlant.

III

L'écriture des Chinois est tout aussi primitive que leur religion et leur langue. Elle est idéographique. Tandis que la nôtre peint *la parole*, la leur, comme autrefois celle des Égyptiens et des Mexicains, comme aujourd'hui encore celle des Indiens de l'Amérique du Nord, peint *la pensée*. Jamais le Chinois n'a su s'approprier le système abstrait de l'écriture qui représente la parole au lieu de l'idée, et qui représente la parole au moyen de syllabes et de lettres. Les efforts faits pour le pousser dans cette voie n'ont pas réussi. Les Chinois sont actuellement gouvernés par les Mantchoux; ils furent au treizième siècle sous la domination des Mongols; ils se sont trouvés dès les premiers siècles de notre ère en rapport avec les prêtres bouddhistes venus de l'Inde. Hindous, Mongols et Mantchoux ont une écriture phonétique. Les Chinois leur ont fait quelques emprunts, mais ils n'ont pas adopté leur système d'écriture. Le fondateur de la dynastie des Youen ou Mongols, Khoubilaï-Khan, rendit édits sur édits pour faire adopter en Chine l'usage d'un alphabet tiré du sanscrit et du thibétain, inventé par le grand lama Pa-sse-pa (1); néanmoins, les Chinois sont restés jusqu'à ce jour fidèles à leur écriture idéographique. Ce n'est pas qu'ils soient incapables de s'élever à l'intelligence du système alphabétique : ils apprennent assez facilement les langues européennes et les écrivent comme nous. Le véritable motif de leur attachement à leur antique écriture, c'est que l'immense majorité des textes chinois seraient incompréhensibles s'ils étaient transcrits en caractères alphabétiques. Ces caractères peuvent être employés à la transcription de la langue parlée; mais pour la langue savante on sera toujours contraint d'employer l'écriture idéographique. Tout ce qu'on pourra faire, ce sera d'en simplifier l'étude et d'en faciliter l'intelligence par des procédés meilleurs que ceux dont les Chinois se sont avisés.

Les Chinois attribuent l'invention de l'écriture à Thsang-hie, ministre de l'empereur Hoang-ti, dont ils placent le règne entre 2697 et 2598 avant notre ère. Antérieurement, Fou-hi, le fondateur de la monarchie chinoise (3369 ans avant J.-C.), avait imaginé les huit *koua*, signes composés de lignes entières et brisées, qui remplacèrent les cordelettes nouées dont les Chinois s'étaient d'abord servis, comme de leur côté s'en servirent les Péruviens. Il existe sur ce point quelque contradiction chez les anciens écrivains chinois; les uns attribuent à Fou-hi l'invention de l'écriture figurative, que d'autres rapportent à Thsang-hie. Il est probable que les premiers confondent cette écriture avec les *koua*.

Bien que le système de l'écriture chinoise n'ait pas changé depuis plus de quarante siècles qu'elle existe, la forme des caractères a beaucoup varié. Ils offrirent d'abord une représentation plus ou moins fidèle des objets. Avec le temps, le défaut d'habileté, le besoin d'abréger, le caprice, introduisirent de nombreuses variations dans la forme des caractères. Les écritures *ta-tchouan* et

---

(1) Voy. G. Pauthier, *Observations sur l'alphabet de Pa-sse-pa*. Paris, Imp. imp., 1862, in-8.

*siao-tchouan* étaient arrivées à donner aux caractères des formes nombreuses et bizarres qui s'éloignaient considérablement du type primitif. Sous le règne de Chi-Hoang-ti, environ deux cents ans avant notre ère, Tching-mo, ou, selon d'autres, le ministre Li-sse, entreprit de régulariser l'écriture et de la rendre plus facile. Il lui donna une forme carrée, et remplaça par des traits droits les traits circulaires qui exigeaient une certaine habileté de main. Les caractères ainsi réformés étaient plus réguliers, plus faciles à tracer que les anciens; mais ils n'offraient presque plus aucun rapport avec la forme des objets qu'ils devaient représenter. Cette écriture fut prescrite aux employés de l'État, d'où elle prit le nom d'écriture *li* ou des bureaux.

Peu de temps après fut inventée par un lettré nommé Tchang-pe-ying une écriture cursive très-abrégée, qui est encore en usage, le *thsao chou*. Elle ne rappelle que de très-loin l'écriture *li*, et ne peut être comprise qu'au moyen d'une étude spéciale.

L'écriture *li*, légèrement modifiée, est celle qu'on emploie actuellement. On en distingue deux variétés, le *soung-pan*, écriture carrée qui sert à l'impression, et qui n'a pas varié depuis dix siècles, époque de l'invention de l'imprimerie en Chine, et le *hing-chou*, écriture courante, moins raide et plus élégante que le *soung-pan*.

Les Chinois divisent leurs caractères en six classes. Ils attribuent cette classification à l'inventeur de l'écriture figurative; mais il est probable qu'elle est de beaucoup postérieure.

« La première de ces classes est celle des caractères *figuratifs purs*, qui sont destinés à représenter la forme ou la figure des objets. En voici des exemples (**1**) :

|  | Soleil. | Lune. | Montagne. | Arbre. | Chien. | Cheval. |
|---|---|---|---|---|---|---|
| Formes anciennes : | ☉ | ☾ | ⌒ | 木 | 犬 | 馬 |
| Formes modernes : | 日 | 月 | 山 | 木 | 犬 | 馬 |

La deuxième classe comprend les caractères qui *indiquent* certaine qualité ou propriété d'une chose, ou la chose elle-même, comme :

---

(1) J'emprunte ces développements, texte et figures, à M. Pauthier, *Chine moderne*, Paris, Didot, 1853, in-8, t. II, p. 292 et suivantes.

Matin. Soir. Haut. Bas. Un. Centre.

Formes anciennes : 旦 夕 ：　⁓　一 中

Formes modernes : 旦 夕 上 下 一 中

L'idée de *matin* est *indiquée* dans le premier caractère par l'image du soleil placée au-dessus d'une ligne horizontale : c'est le moment du jour où le soleil apparaît au-dessus de l'horizon. On a *indiqué* l'idée du *soir* par des traits vaporeux descendant vers l'horizon, en supprimant l'image du soleil ; l'idée de *haut*, par un point placé *au-dessus* de la ligne horizontale ; l'idée de *bas*, par un point placé *au-dessous* de la même ligne ; *un*, par *un trait* horizontal ; *milieu*, par un trait vertical partageant en *deux parties égales* un cercle ou parallélogramme qui représente la bouche.

La troisième classe comprend les caractères qui représentent par leur propre formation des *idées combinées*. On composa ces caractères en réunissant ensemble deux ou trois figures simples dont la combinaison pouvait faire naître dans l'esprit l'idée complexe que l'on voulait rendre. Ainsi, la réunion du soleil et de la lune signifia lumière ; la figure d'homme au-dessus de celle de montagne signifia *anachorète, ermite*; deux arbres réunis signifièrent *forêt*; l'image de bouche et celle d'oiseau signifièrent *chant*; celle de l'eau et celle d'un œil signifièrent *larmes, pleurs, pleurer*; l'image de femme, jointe à celle de main et de balai, signifia *femme de ménage*:

Lumière. Ermite. Forêt. Chant. Larme. Femme.

Formes anciennes : ☉☽ 谷 𣎵 嗚 泪 𡚶

Formes modernes : 明 仙 林 鳴 泪 婦

La quatrième classe comprend les caractères qui, par la manière dont ils sont tracés, acquièrent une signification inverse, antithétique, ou en opposition avec leur signification primitive. Le nombre de ces caractères est très-borné. En voici des exemples (c'est le 2ᵉ, le 4ᵉ et le 6ᵉ qui sont inverses).

Gauche. Droite. Continu. Rompu. Homme. Cadavre.

Formes anciennes : ⺕ ⺕ 𢆶 𢇇 𠆢 ⼫

Formes modernes : 左 右 繼 斷 人 尸

La cinquième classe comprend les caractères qui ont été détournés de leur acception primitive et habituelle pour exprimer des idées abstraites ou des actes de l'entendement. Ainsi l'image du cœur matériel représente l'*esprit*, l'*entendement*, le principe de l'intelligence. Cette classe, qui n'en est proprement pas une, puisque la plupart des caractères qui la composent, sinon tous, sont compris dans les classes précédentes, est cependant très importante à connaître pour l'intelligence des sciences abstraites.

La sixième classe, de beaucoup la plus nombreuse, comprend tous les caractères composés de deux éléments, dont l'un représente l'*image générique* des objets ou des actions, et l'autre le *son* de la langue parlée correspondant à l'objet ou à l'acte spécial que l'on veut désigner; le second des deux éléments qui composent cette classe de caractères est toujours emprunté aux autres classes; mais, en se groupant avec une figure ou image générique, il perd presque habituellement la signification qu'il avait primitivement avant cette association. Nous disons *presque habituellement*, parce que, dans la composition de cette classe de caractères, on a regardé comme une perfection de faire concourir au sens spécial du caractère ainsi composé, non-seulement l'*image générique*, et ensuite le *son spécial* du groupe phonétique additionnel, mais encore le sens primitif de ce groupe additionnel. Cependant ces trois conditions se trouvent assez rarement réunies dans cette classe de caractères, et il faudrait bien se garder, comme on l'a fait et comme on le fait encore trop souvent, de ne voir et de ne chercher dans les deux éléments qui les composent que des *images* représentatives, lorsque l'un de ces deux éléments, que nous nommons *groupe phonétique additionnel*, représente toujours le *son* ou le mot correspondant de la langue parlée, et que rarement il conserve sa signification ordinaire.

Voilà donc un élément nouveau introduit dans la langue primitive figurée; et c'est faute d'avoir bien distingué l'élément *phonétique* et *syllabique* de l'élément figuratif, que l'on a commis tant d'erreurs et que l'on s'est livré à tant de rêveries sur la formation et la composition des caractères chinois. Le résulat de cette composition de caractères *moitié idéographiques* ou *figuratifs, moitié phonétiques*, a été d'introduire aussi dans la langue chinoise une grande terminologie linnéenne qui sert admirablement pour l'intelligence de cette langue, au premier abord si difficile.

Quelques exemples feront mieux saisir ces principes, un peu

abstraits par eux-mêmes. Le signe figuratif *li* (1), qui signifie *terrain où l'on a établi sa demeure, espace déterminé*, etc., pris comme signe de *son* ou groupe phonétique, et joint à l'image générique de poisson (2), forme le nom de *poisson-li* ou nommé *li* (3), c'est-à-dire *carpe*; le signe figuratif *mou* (4), arbre (première classe), devient l'image générique de tous les noms d'arbres, en s'adjoignant un groupe phonétique ou syllabique pour chaque espèce d'arbres que l'on n'aurait pas pu figurer : ainsi, avec le signe *pe* (5), qui signifie par lui-même *blanc*, il forme un composé de la sixième classe, qui veut dire *arbre-pe* (6), ou arbre prononcé *pe*, c'est-à-dire *cyprès*. Le signe qui représente le chien (première classe), type générique de tous les animaux qui ont avec lui quelque ressemblance, s'il est associé au signe qui se prononce *miao* (7), signifiera *chien-miao* (8) ou *chat*. »

M. Pauthier a donné, d'après Tching-tsiao, qui écrivait sous les Soung, un dénombrement des caractères chinois alors en usage. Ils se divisent ainsi :

| | |
|---|---:|
| 1re classe, caractères figuratifs......... | 588 |
| 2e classe, caractères indicatifs......... | 107 |
| 3e classe, caractères à sens combinés.... | 740 |
| 4e classe, caractères inverses.......... | 332 |
| 5e classe, caractères à sens métaphoriques. | 598 |
| 6e classe, caractères idéo-phonétiques.... | 21,810 |
| Total............. | 24,175 |

On voit que l'élément phonétique joue un rôle considérable dans l'écriture chinoise. Les neuf dixièmes des caractères sont composés de deux parties, une *classifique*, déterminant le sens, et une *phonétique*, indiquant la prononciation. Sous la clef des arbres, par exemple, on trouve rangés dans le dictionnaire de Khang-hi 1,358 caractères, dont quelques-uns sont formés par l'enchevêtrement d'un ou plusieurs traits avec la clef, mais dont l'immense majorité résulte de la juxtaposition d'un caractère distinct, qui indique le son. Cet ingénieux procédé facilite beaucoup l'étude du chinois, sans doute, mais non pas autant qu'on pourrait le croire. Il existe plusieurs phonétiques pour un même son, et presque toutes les phonétiques peuvent être prononcées de plusieurs façons différentes, suivant les clefs auxquelles elles

¹ 里 ² 魚 ³ 鯉 ⁴ 木 ⁵ 白 ⁶ 柏 ⁷ 苗 ⁸ 猫

sont jointes. Il suit de là qu'on ne peut apprendre le chinois que d'une manière empirique; on n'est sûr du sens et du son d'un caractère que lorsqu'on le connaît bien ou lorsqu'on l'a cherché dans les dictionnaires.

Tous les mots chinois commencent par une articulation, consonne ou semi-voyelle, et finissent par une voyelle ou une diphthongue, nasalisée ou non. Vers le commencement du sixième siècle de notre ère, un prêtre bouddhiste nommé Chin-khi ou Chin-khung fit connaître aux Chinois le système phonétique des Indiens, et ils adoptèrent, pour représenter les sons de leur langue, trente-six caractères pour les articulations, et quarante-cinq pour les terminaisons. Ils ont d'ailleurs un procédé fort ingénieux pour indiquer la prononciation des caractères : Etant donné le mot à prononcer, ils le font suivre de deux caractères dont le premier représente l'articulation ou consonne, et le second la terminaison, et ils ajoutent un signe qui signifie *divisez*. Par exemple, pour indiquer la prononciation du caractère *kheou*, bouche, ils emploient le caractère prononcé KH*u*, le caractère prononcé *kh*EOU et le signe *divisez*, ce qui indique qu'il faut prendre la consonne du premier et la terminaison du second, et prononcer KHEOU. Ici encore, rien de plus simple en théorie : il devrait suffire de connaître 36 et 45 caractères pour avoir la clef de la prononciation ; mais dans l'application il n'en est pas de même, et souvent le commençant trouve la prononciation d'un caractère qu'il ne connaît guère indiquée par deux caractères qu'il ne connaît pas du tout.

## IV

Dans l'origine, le nombre des caractères chinois était peu considérable ; mais il s'accrut rapidement. Le *Choue-wen*, composé à la fin du premier siècle de notre ère, en comprend 10,519, et le Dictionnaire de Khang-hi, imprimé pour la première fois en 1716, en contient 43,496.

En Chine, tout le monde sait lire et écrire ; mais personne, assurément, n'a logé dans sa mémoire la totalité de ces caractères. On en connaît un nombre plus ou moins grand. Avec 4,000 on se tire d'affaire ; avec 10,000 on est un érudit ; mais savants et ignorants sont obligés d'avoir souvent recours aux dictionnaires, pour chercher la signification des caractères d'un emploi peu fréquent.

Or, comment classer 43,000 caractères de façon à trouver facilement celui qu'on cherche?

Ce travail de classement s'est fait, en Chine, peu à peu, à mesure que la langue s'enrichissait, et de soi-même, pour ainsi dire.

On commença par avoir un petit nombre de signes simples, pour désigner le soleil, la terre, l'eau, le feu, le bois, l'homme, etc. En créant de nouveaux caractères, à mesure que le développement des idées l'exigeait, on eut soin de les rattacher aux caractères primitifs, qui devinrent ainsi *chefs de classe*. Pour cela, on ajoutait tout simplement au chef de classe, que nous appelons *classifique*, *radical* ou *clef*, un ou plusieurs traits, et le groupe ainsi formé, le caractère *composé*, avait sa signification distincte et sa prononciation particulière. Aussi tout caractère, sans exception, se rattache matériellement et visiblement à un *chef de classe*, s'il n'est classifique lui-même.

Le nombre des classifiques n'est pas rigoureusement fixe. Le *Choue-wen* en reconnaît 540; le *Ching-tseu-tung*, composé dans la première moitié du dix-septième siècle, n'en admet que 214. Ce nombre a été adopté pour le *Khang-hi-tseu-tien*, ainsi que pour presque tous les dictionnaires *par clefs* composés par les Européens. Il pourrait être réduit à moins de deux cents, mais cela présenterait plus d'inconvénients que d'avantages.

Dans leurs dictionnaires, les Chinois rangent les caractères d'après trois systèmes différents : 1° méthodiquement, c'est-à-dire par classes appelées *men*, portes; 2° par *tons*, ou plutôt par *sons*; 3° par chefs de classe, *pou-cheou*.

Dans le système méthodique, les chefs de classe sont réunis suivant leur analogie : CIEL, *démon*, *soleil*, *lune*, etc.; TERRE, *feu*, *eau*, *glace*, etc.; HOMME, *cadavre*, *famille*, etc. Lorsqu'on veut trouver un caractère dans ces dictionnaires, il faut d'abord chercher à quel *chef de classe* il appartient, puis voir dans quelle catégorie ce *chef de classe* a été rangé.

Pour trouver un caractère dans les dictionnaires *toniques*, il faut connaître la façon dont ce caractère est prononcé et le ton dont il est affecté.

Quant aux dictionnaires où les *chefs de classe* sont rangés suivant le nombre de traits qui les composent, ils sont assurément les plus commodes; mais il s'en faut de beaucoup que les recherches y soient aussi faciles qu'on pourrait se l'imaginer. J'expliquerai pourquoi dans la dernière partie de cet article.

Les Européens ont manqué pendant longtemps de livres élémentaires pour l'étude de la langue chinoise. Les travaux de

Fourmont, de Bayer, de Hager, sont sans utilité. La première grammaire digne d'attention est celle de Marshman, imprimée à Sérampore en 1814; le premier dictionnaire chinois-européen fut, après de longues et dispendieuses tentatives, publié à Paris en 1813, par ordre de Napoléon. La première chaire de chinois fut fondée à Paris l'année suivante, et l'éminent professeur à qui elle fut confiée, Abel Rémusat, a contribué plus que personne, par ses leçons et son admirable Grammaire, publiée en 1822, à propager l'étude de cette langue. D'excellents travaux ont paru depuis, en Orient et dans diverses parties de l'Europe. Les Français n'y ont pas pris une grande part. L'Angleterre possède des dictionnaires chinois par douzaines, et nous n'avons encore que celui de 1813.

Ce dictionnaire, dû au P. Basile de Glemona, fut publié par De Guignes fils, qui le modifia d'une façon assez malencontreuse, et qui oublia d'en nommer le véritable auteur. Tel qu'il est, il est loin d'être parfait. Il est incomplet, puisqu'il n'explique que 13,316 caractères. Il ne donne qu'un nombre insuffisant de mots composés, et il ne les donne pas en caractères chinois. Il contient des interprétations trop nombreuses, parmi lesquelles il n'est pas toujours facile de distinguer la bonne; il forme un immense volume in-folio, très-difficile à manier; enfin, il manque totalement dans le commerce de la librairie.

Ce Dictionnaire peut néanmoins servir de base à un travail plus satisfaisant. A l'instigation d'Abel Rémusat, la Société de Géographie de Paris avait entrepris d'en donner une nouvelle édition, corrigée et augmentée, qui fut abandonnée après l'impression des premières feuilles, par suite de la mort de cet illustre sinologue.

M. G. Pauthier, qui a, dans d'importantes et nombreuses publications, fait preuve d'une connaissance approfondie de l'extrême Orient, s'occupe depuis plus de trente ans de la composition d'un dictionnaire chinois. Il a publié récemment la première livraison de cet ouvrage, qui rendra des services importants aux hommes de tous les pays que leurs études ou leurs intérêts portent à s'occuper de la Chine, et qui fera grand honneur à la France (1).

Le dictionnaire de M. Pauthier contiendra, à peu d'exceptions près, tous les caractères compris dans celui de Kang-hi, qui est à la langue chinoise ce que le dictionnaire de l'Académie est à la

---

(1) *Dictionnaire étymologique* chinois-annamite latin-français, par G. Pauthier. 1re livraison, contenant les dix premiers radicaux ou chefs de classe. *Paris, Firmin Didot frères, fils et Cie*, 1867, grand in-8.

nôtre. Chaque caractère est accompagné de la prononciation en langue mandarine, en annamite, et souvent dans les dialectes de Canton, du Fou-Kien et du Japon, puis de la traduction en latin et en français. L'impression est belle et soignée. L'ouvrage sera complet en douze livraisons. Il serait bien regrettable que l'empressement du public et le concours du gouvernement, indispensable pour des publications de ce genre, fissent défaut à M. Pauthier, ce qui ne lui permettrait pas — il le dit franchement — de donner suite à son utile entreprise.

M. Pauthier, je l'ai déjà dit, donne la prononciation *annamite* des caractères chinois. Cela seul devrait suffire pour recommander son livre à l'attention du gouvernement. On n'ignore pas, en effet, que le chinois est, depuis deux mille ans, la langue officielle de la Cochinchine, notre nouvelle colonie. Le code chinois y est en vigueur; les décisions de la justice s'y rendent en chinois. Le Dictionnaire de M. Pauthier est indispensable à quiconque veut remplir des fonctions publiques en Cochinchine ou y fonder des établissements privés.

A côté de la langue chinoise, on parle, en Cochinchine, une langue vulgaire, composée de mots chinois et d'expressions monosyllabiques qui paraissent appartenir à la langue primitive des habitants du pays. M. Aubaret, capitaine de frégate, consul de France à Bangkok, a publié dernièrement une grammaire et un dictionnaire de cette langue (1). Ces deux ouvrages, qui seront fort utiles à nos colons, sont pleins d'intérêt pour le philologue.

## V

J'ai dit que les Chinois pourraient arriver promptement à l'usage de l'écriture alphabétique pour leur langue parlée, s'ils étaient convenablement dirigés. Je vais tâcher de démontrer que cette proposition n'est pas insoutenable.

Il est certain que l'écriture a surgi spontanément dans plusieurs milieux différents. Partout elle a commencé par être idéographique, pour devenir, presque partout, phonétique. Là seulement où l'évolution a été complète, elle a passé par l'état syllabique pour arriver à l'état alphabétique.

Les Egyptiens, le plus ancien peuple chez lequel on trouve établi l'usage de l'écriture, combinèrent de bonne heure les signes

---

(1) *Grammaire annamite*, suivie d'un Vocabulaire français-annamite et annamite-français, par G. Aubaret..., publiée par ordre de S. Exc. le ministre de la Marine et des Colonies. *Paris, Impr. imp.*, 1867, gr. in-8.

idéographiques avec les signes phonétiques. Dans des documents d'une haute antiquité, l'on trouve des signes employés, non-seulement avec une valeur syllabique, mais encore avec une valeur purement alphabétique.

« Le dessin complet des hiéroglyphes demandant une certaine habileté et un temps considérable, dit M. le vicomte de Rougé (1), l'écriture les réduisit à un petit nombre de traits caractéristiques, à une sorte de légère esquisse : c'est ce que nous nommons, avec Champollion, *hieroglyphes linéaires*..... Les *hiéroglyphes linéaires* ne se prêtant pas suffisamment à une écriture très-rapide, on en fit promptement une abréviation où le tracé devient presque conventionnel, car la nature des objets figurés ne se reconnaît plus au premier coup d'œil, dans la plupart des cas. Cette écriture est celle que Champollion a nommée *hiératique*.

..... L'écriture *démotique* est une nouvelle abréviation des signes cursifs anciens que nous nommons *hiératiques*. Elle paraît s'être introduite insensiblement dans les usages civils vers la fin du huitième siècle avant notre ère. On voit l'écriture cursive, dans les manuscrits qui se suivent sans interruption paléographique jusqu'aux Ptolémées, perdre successivement les traits qui liaient les signes *hiératiques* à leurs types *hiéroglyphiques*, et se déformer petit à petit : ils finissent par ne plus présenter aux yeux que des sigles qu'on pourrait croire arbitraires » (2).

On le voit, en Chine, l'écriture passe par les mêmes phases qu'en Egypte. D'abord on s'attache à figurer les objets, et nombre d'anciens signes chinois sont absolument identiques avec les hiéroglyphes correspondants; puis on abrège, on modifie : le *ta-tchouan* et le *siao-tchouan* correspondent à l'écriture *linéaire* des Egyptiens ; on passe ensuite à l'écriture carrée, *li-chou*, qui est l'analogue de l'écriture *hiératique*; enfin, on adopte l'écriture cursive, *thsao-chou*, qui correspond exactement à l'écriture *démotique*. Mais, tandis que les Egyptiens s'élevaient jusqu'au système alphabétique, précisément parce que leur langue avait atteint l'état polysyllabique, les Chinois, qui n'avaient que des monosyllabes, ne dépassèrent pas le système syllabique, qu'ils ne simplifièrent même pas autant qu'ils l'auraient pu.

---

(1) *Chrestomathie égyptienne*. Paris, A. Franck, 1867, in-4. Première partie, p. 9.
(2) Il est intéressant de voir, dans les tableaux donnés par M. de Rougé, à la suite de l'ouvrage cité, les dégradations successives subies par les hiéroglyphes; et si l'on rapproche de ces tableaux l'alphabet phénicien, les anciens alphabets sémitiques, le grec ancien, l'étrusque, etc., on sera tenté d'admettre que tous ces alphabets dérivent de l'écriture figurée des Egyptiens. (Voy. Ballhorn, *Alphabete orientalischer und occidentalischer Sprachen*, Achte Auflage. *Berlin*, 1859, gr. in-8, p. 8-9).

La vénération du passé, si fortement enracinée dans le cœur des Chinois, est un sentiment digne de respect. Je ne demande pas qu'ils renoncent à l'étude de leur ancienne écriture, à la lecture de leurs philosophes, de leurs poètes, de leurs historiens ; mais je crois qu'ils pourraient sans inconvénient adopter, pour les besoins de chaque jour, un système d'écriture plus rapide, plus sûr, plus approprié aux destinées que leur réservent leurs relations avec les étrangers, le système alphabétique. Pour bon nombre d'entre eux il n'y aurait rien à perdre à cela. Bien des Chinois « n'ont plus l'intelligence complète de leur propre langue ; ils s'en servent à peu près comme nous nous servons en Europe de notre écriture alphabétique, sans que la vue des caractères de leur écriture leur rappelle autre chose qu'une lettre pour ainsi dire morte, qui n'a plus aucune liaison, aucun rapport direct avec les objets ou les idées que ces caractères étaient, dans l'origine, destinés à représenter (1) ». Ce qui le prouve, c'est le nombre assez grand des caractères défectueux qui s'échappent de leur pinceau, et qu'on trouve jusque dans les imprimés ; ici c'est une classifique employée par erreur, là c'est une phonétique mise pour une autre, ailleurs c'est un caractère incomplet ou trop compliqué. Ils ne feraient certainement pas plus de fautes d'orthographe s'ils employaient l'alphabet européen convenablement modifié.

Il n'y a pas à craindre, d'ailleurs, que la transcription en caractères européens de la langue parlée des Chinois pèche par le manque de clarté. Cette langue est riche en mots composés, qui sont de véritables polysyllabes, aussi distincts les uns des autres que les mots de notre langue. Le mot JIN, *homme*, placé après le mot KIA, *maison*, fait *kia-jin*, domestique ; le mot THEOU, *tête, chose ronde*, placé après les mots CHI, *pierre*, JI, *soleil*, SIN, *cœur*, fait *chi-theou*, pierre, *ji-theou*, soleil, *sin-theou*, cœur ; le mot TSIANG, *ouvrier, agent*, placé après les mots HIAI, *cuir*, MOU, *bois*, CHI, *pierre*, fait *hiai-tsiang*, cordonnier ; *mou-tsiang*, charpentier, *chi-tsiang*, maçon. Or, chacun de ces mots chinois, pris isolément et comme son, peut avoir plusieurs significations différentes, et ne sera compris que si on le voit écrit, tandis que les mots composés seraient facilement intelligibles même s'ils étaient écrits en lettres latines. Il n'y a pas plus de doute possible sur la valeur des mots *kia-jin, ji-theou, hiai-tsiang*, que sur celle des mots *domestique, pierre, cordonnier*. Ce mode d'écriture offrirait même l'avantage que, grâce au trait d'union, on ne courrait

---

1) G. Pauthier, *Chine moderne*, p. 302.

pas risque d'expliquer séparément des mots qui doivent être réunis, ce qui arrive trop souvent lorsqu'on a sous les yeux des caractères chinois.

L'usage de notre alphabet n'offrirait pas aux Chinois de grandes difficultés. Ils en ont une ébauche dans leur système de division des mots pour indiquer la prononciation; ils apprennent nos langues et les écrivent. Les Annamites s'en accommodent fort bien. Ils écrivent leur langue vulgaire en lettres latines, et, bien que le système de transcription qu'on leur a donné soit horriblement défectueux, ils le préfèrent aux caractères dérivés du Chinois dont ils se servaient autrefois, et qui sont tellement tombés en désuétude, qu'il n'est pas rare, dit M. Aubaret, de rencontrer de très-hauts mandarins (c'est-à-dire des gens fort instruits), qui ignorent cette façon de transcrire la langue annamite. Cette langue est pourtant plus difficile à comprendre que le *kouan-hoa* lorsqu'elle est écrite en lettres latines, car elle emploie beaucoup moins de mots composés.

Pour adapter nos caractères à la transcription du chinois, il suffirait de laisser aux voyelles *a, é, i, o, ö, ü* le son qu'elles ont en français, de donner à l'*u* le son *ou*, et d'accentuer d'une façon quelconque le *c*, l'*n* et l'*s*. Par parenthèse, ce ne serait pas un petit avantage pour les Européens d'avoir un système uniforme de transcription du chinois.

Pour indiquer les tons, il serait bon d'adopter des signes convenus qu'on placerait à droite des mots et un peu au-dessus. On marquerait l'aspiration au moyen d'un esprit rude combiné avec le signe des tons.

## VI

Que les Chinois se décident ou non à nous emprunter notre alphabet pour transcrire leur langue parlée, il importe de chercher un moyen de nous guider dans le dédale de leur langue écrite.

J'ai fait connaître le mécanisme des dictionnaires chinois, et j'ai dit que dans tous la recherche des caractères est longue et difficile, sans en excepter les dictionnaires par *clefs*. Je vais expliquer pourquoi.

L'écriture chinoise régulière (*Kiaï-chou*) se compose seulement de six traits parfaitement distincts, dont le premier est employé peut-être aussi souvent que tous les autres ensemble, et d'autant de variantes. Mathématiquement, cela pourrait fournir un nombre considérable de combinaisons ; mais il ne s'agit pas de savoir ce qu'on pourrait faire : il s'agit de voir ce qu'on fait. En réalité, les Chinois, en combinant les traits de leur écriture par deux, trois, quatre, etc., n'ont produit qu'un petit nombre de figures ayant une existence propre. C'est par la combinaison de ces figures de deux, trois ou quatre traits qu'ils arrivent à former des caractères composés en moyenne de douze traits, mais dont quelques-uns en comptent plus de quarante.

Le nombre des figures distinctes est inférieur à celui des *clefs*. Il en résulte que plusieurs classifiques sont formées de la réunion de deux ou plusieurs figures qui, prises isolément, jouent le rôle de clefs, d'où il suit que parfois on ne reconnaît pas la classifique ainsi composée, et qu'on cherche dans le dictionnaire les diverses parties qui la constituent. Ainsi, la clef 209, PI, *nez* (1) est composée des clefs 132 (2) 102 (3) et 55 (4).

D'un autre côté, la plupart des classifiques jouent à l'occasion le rôle de phonétiques. Dans un caractère composé de cinq, six traits et au-dessus, il n'est pas rare de rencontrer deux ou plusieurs classifiques, et celle dont dépend le mot n'est pas toujours la plus apparente. Nous en avons un exemple dans le caractère *liang* (5), qui contient les clefs 1 (6) et 50 (7), et qui appartiennent à la clef 11 (8). De là résulte la nécessité de chercher successivement le mot sous plusieurs clefs, ce qui fait perdre beaucoup de temps.

Dans les dictionnaires *toniques*, ou plutôt *phonétiques*, on pourrait croire les recherches plus faciles. Le nombre des sons de la langue n'étant que d'environ 1,200, et l'immense majorité des caractères étant formés de la réunion d'une classifique et d'une phonétique, il serait naturel de supposer que, chaque phonétique donnant invariablement le même son, il suffit de savoir la valeur de 1,200 phonétiques pour connaître le son de presque tous les mots ; mais les choses ne vont pas ainsi. Bien que les signes phonétiques soient au nombre de plus de 3,000, il est vrai qu'il n'y en a guère que 1,000 qui soient d'un emploi fréquent ; mais chacun d'eux, à peu d'exceptions près, se prononce de plusieurs manières différentes, suivant les classifiques auxquelles il est joint, de même que plusieurs phonétiques présentent le même son. Ce fait regrettable peut s'expliquer, d'abord par les exigences de la calligraphie, qui commandent de choisir pour chaque classifique, dans les phonétiques qui donnent le son cherché, celle qui s'adapte le mieux, puis par la nécessité de distinguer les mots

¹ 鼻　²自　³田　⁴廾　⁵兩　⁶一　⁷巾　⁸入

appartenant à la même classifique qui se prononcent d'une façon identique, comme nous distinguons dans notre orthographe la valeur du son *poi*, que nous écrivions *pois, poids, poix*, etc. Raison ou caprice, le fait existe, et quand on veut chercher un mot dans un dictionnaire *tonique*, il faut d'abord chercher ailleurs la valeur phonétique de ce mot.

On pourrait adopter un système de classement des caractères chinois que je crois appelé à faciliter singulièrement les recherches dans les dictionnaires, et plus tard à rendre de plus grands services. Voici ce dont il s'agit :

J'ai dit que l'écriture régulière des Chinois se compose de six traits distincts et d'un certain nombre de variantes. Ces traits forment les six premières classifiques, et se trouvent naturellement numérotés de un à six. Lorsqu'on a un caractère chinois sous les yeux, il est facile de voir, d'abord de combien de traits il est composé, puis quels sont les traits qui le composent. Pour me faire mieux comprendre, je vais donner le tableau des six caractères primitifs et de leurs variantes, après quoi je pourrai m'appuyer sur des exemples.

| | Traits primitifs. | Variantes. | Noms. |
|---|---|---|---|
| 1. | — | ⟶ ╱ | *houa*. |
| 2. | │ | | *kouen*. |
| 3. | ╲ | ╲ ╴ ╱ | *tchou*. |
| 4. | ╱ | | *pié*. |
| 5. | ⌐ | | *i*. |
| 6. | ⌙ | ⌒ ╲ | *kioué* (1). |

Supposons maintenant que nous ayons sous les yeux le caractère 見 (*kien*, voir), qui est la 147ᵉ classifique : nous reconnaîtrons facilement qu'il se compose de quatre *houa* (1), de deux *kouen* (2), d'un *pié* (4) et d'un *i* (5), et nous le trouverons à la seule place qu'il puisse occuper dans le tableau qu'il s'agirait de dresser, parmi les caractères de huit traits, série de quatre *houa*, plus deux *kouen*, un *pié* et un *i*.

Ce tableau, en effet, contiendrait tous les caractères de la langue chinoise, rangés d'abord par nombre de traits, et, pour tous les caractères d'un même nombre de traits, dans l'ordre des traits qui les composent, en plaçant en tête ceux qui

---

(1) Les Chinois admettent un plus grand nombre de traits primitifs et de nombreuses variantes. Ces variantes proviennent surtout de ce qu'ils combinent très-fréquemment le *houa* avec le *kouen*, le *pié*, l'*i* et le *kioué*, en ne comptant les deux traits que pour un. Je pense qu'il faut réduire traits primitifs et variantes au strict nécessaire, et compter toujours deux traits pour deux et non pour un.

contiennent le plus grand nombre de *houa*, puis ceux qui en contiennent moins, et enfin ceux qui, ne contenant pas ce premier trait, devront être placés sous le second (*kouen*), le troisième (*tchou*), etc. Les recherches y seraient aussi faciles que dans un dictionnaire par ordre alphabétique, en supposant un alphabet composé de six lettres seulement.

A côté de chaque caractère on trouverait :

1º La façon dont il doit être prononcé et le ton dont il est affecté, ce qui faciliterait les recherches dans les dictionnaires toniques ; 2º le numéro de la clef à laquelle il appartient et le nombre de traits additionnels, ce qui faciliterait les recherches dans les dictionnaires par clefs, européens ou chinois ; 3º enfin, un numéro d'ordre.

Si nous prenons pour exemple le caractère *tso*, s'asseoir, nous aurons

c'est-à-dire : caractère (de sept traits) qui se prononce *tso*, au 3º ton, composé de la clef 32 et de quatre traits additionnels, et qui est le 1272º de notre tableau.

Si ce tableau ne contenait que les renseignements fournis par les deux premières lignes d'explications jointes à chaque caractère, il ne laisserait pas d'être d'une grande utilité, puisqu'il abrégerait beaucoup les recherches dans les dictionnaires. Mais l'attribution d'un numéro particulier à chaque caractère de la langue chinoise serait, si je ne me trompe, d'une utilité beaucoup plus grande encore.

Tout d'abord, elle donnerait la solution d'un problème dont on s'est beaucoup occupé déjà sans obtenir des résultats satisfaisants. Avec cette liste de caractères, la transmission télégraphique du chinois deviendrait d'une extrême facilité. Chaque caractère serait représenté par les chiffres de son numéro d'ordre, quatre en moyenne, cinq au plus, ce qui, avec le système de Morse, n'exigerait que vingt signes, comme la transmission des mots français.

Il sera facile d'ajouter au tableau des caractères la traduction dans les principales langues de l'Europe. Quand cela sera fait, un Européen, après quelques heures consacrées à l'étude de la syntaxe chinoise, qui est très-simple et ne comporte pas d'exceptions, pourra traduire une dépêche chinoise, et, à l'aide de la contre-partie du vocabulaire, dans laquelle le mot français, anglais, etc., sera suivi tout simplement du numéro du caractère chinois correspondant, il pourra transmettre sa réponse. Européens et Chinois pourront ainsi correspondre ensemble sans connaître la langue l'un de l'autre. La langue chinoise, dont les mots sont invariables, se prête beaucoup mieux que les langues européennes à une pareille combinaison.

En procédant à la confection de ces dictionnaires, on pourra placer sous chaque caractère les mots composés, en leur donnant le numéro du caractère principal, suivi d'une lettre supérieure, $^a$, $^b$, $^c$, etc., ce qui réduirait les frais de la transmission télégraphique et présenterait d'autres avantages sur lesquels il est inutile d'insister.

Pour faire usage du tableau dont je parle, il suffira de connaître les lettres latines et les chiffres arabes. Quelques mots d'explications préliminaires, rédigés dans les principales langues de l'Europe, le mettront à la portée de toutes les nations qu'il peut intéresser. Il sera d'une grande utilité pour les Chinois eux-mêmes. Un avertissement rédigé dans leur langue, et placé à l'endroit où ils le chercheront naturellement, à la fin, leur en donnera la clef. L'emploi des chiffres arabes, qu'il serait plus convenable d'appeler chiffres indiens, ne les embarassera pas longtemps. Ils ont eux-mêmes des chiffres cursifs qui offrent quelque rapport avec les nôtres. Ils écrivent les nombres de deux manières, comme nous. Pour exprimer le millésime de l'année courante, nous écrivons en toutes lettres *mil huit cent soixante-neuf*. Le Chinois écrit *un mille, huit cents, six dix, neuf*, c'est-à-dire : $1 \times 1000 + 8 \times 100 + 6 \times 10 + 9$; mais s'il faut aligner des chiffres, il écrira :

$$\begin{array}{cccc} 1 & 8 & 6 & \\ 1000 & 100 & 10 & 9 \end{array}$$

Il ne s'agit, on le voit, que de lui apprendre la valeur de position des chiffres. Qu'il place les unités sur la première ligne et qu'il supprime la seconde ; qu'il se rappelle que le second chiffre en allant de droite à gauche représente les dizaines, le troisième les centaines, et ainsi de suite, et tout sera dit.

Je crois à l'utilité d'un travail exécuté d'après le plan que je viens d'indiquer. Ce travail, je l'ai entrepris et je compte le terminer. Il est assez avancé pour que j'en puisse apprécier les avantages, et je suis d'autant moins aveuglé par l'amour paternel que je n'ai qu'une faible part dans le mérite de l'invention. Gonçalvès a le premier jeté les fondements de ce système; Callery l'a développé et expliqué. Il l'a appliqué dans son *Système phonétique* et dans la première livraison, seule publiée, de son dictionnaire chinois-français. Mais il subordonnait la place que devaient occuper les caractères à des règles eugraphiques sur lesquelles les Chinois eux-mêmes ne sont pas d'accord. Pour trouver un caractère dans son livre, il faut savoir quel est le trait qu'on a dû écrire le premier, ce qui est loin d'être facile (1). Il me semble plus rationnel d'adopter une base fixe, positive, de se guider d'après ce qui saute aux yeux. Dans notre langue, nous chercherons le mot *bac* par *b*, *a*, *c*, parce que nous savons que les lettres ont été tracées dans cet ordre. En chinois, nous ne savons qu'une chose : c'est qu'il contient les trois premiers traits, et qu'il faut le chercher dans la série $1+2+3$.

---

(1) Les caractères y sont d'ailleurs rangés dans l'ordre des principales phonétiques, au nombre de 1040, ce qui est loin de faciliter les recherches. Dans le Dictionnaire de Gonçalvès, ils sont classés par clefs, mais d'une façon assez arbitraire. Dans un *Essai de Dictionnaire chinois*, expliqué en russe, de M. le professeur Vasilief, lithographié à Saint-Pétersbourg en 1867, in-folio, ils sont rangés sous un certain nombre de traits primitifs, mais de telle façon qu'on trouve dès la première page des caractères de quinze traits. Ce qui constitue la nouveauté de mon système, c'est, d'abord, la grande division *par nombre de traits*, puis le *classement rationnel* de tous les caractères composés d'un même nombre de traits d'après les éléments qui entrent dans leur composition. Chez Gonçalvès, il faut d'abord chercher le numéro de la clef; chez Callery, il faut chercher celui de la phonétique. Dans mon système, on évite cette opération préliminaire : il n'y a qu'à compter les traits.

---

Paris. — Imprimerie L. Poupart-Davyl, rue du Bac, 30

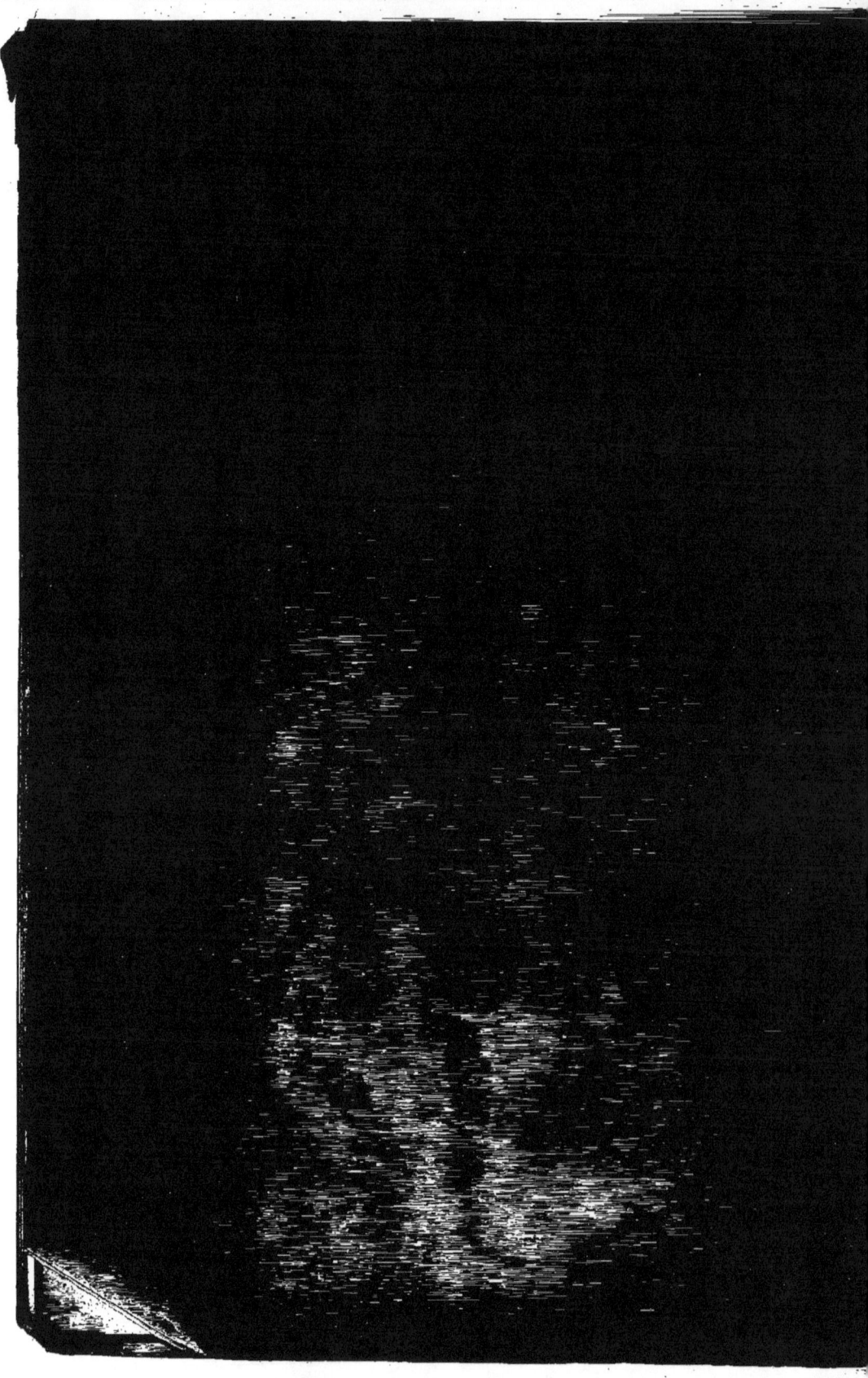

www.ingramcontent.com/pod-product-compliance
Lightning Source LLC
Chambersburg PA
CBHW061007050426
42453CB00009B/1301